Par Campistron
et Colassin d'
anecdotes chroni...
de Clément...

ACHILE
ET
POLIXENE,
TRAGEDIE
EN
MUSIQUE,

Reprefentée par l'Academie Royale de Mufique.

Imprimée a Paris, & on les Vend
A ANVERS,
hez HENRY van DUNWALDT, Li-
braire au Marché aux Oeufs, aux
trois Moines. 1688.

ACTEURS

DU

PROLOGUE.

MERCURE.

MELPOMENE, *Muse de la Tragedie.*

TERPSICORE, *Muse de la Musique.*

THALIE, *Muse de la Comedie.*

Troupe de Genies qui suivent Melpomene.

Troupe de Genies qui suivent Terpsicore.

Troupe de Genies qui suivent Thalie.

JUPITER.

PRO-

PROLOGUE.

Le Theatre represente un lieu propre à donner
des spectacles, & qui peut convenir à la Tra-
gedie & à la Comedie; Ce lieu n'a plus la
magnificence qu'il paroist avoir eü autrefois,
il est méme presque détruit & ruiné. On y
voit Melpomene, Terpsicore & Thalie sans
aucune suite. Mercure descend du Ciel.

MERCURE, MELPOMENE,
TERPSICORE, THALIE.

MERCURE.

Scavantes Sœurs, arbitres de la Scene,
Quel accident funeste a fait cesser vos Ieux ?
Ie ne voy plus icy vôtre appareil pompeux,
   Et ie ne reconnois qu'à peine,
   Thalie, & Melpomene ;
Et vous dont les charmans Concerts,
En ces lieux autrefois, raisonnoient dans les Airs ;
   Quel trouble, ou quelle indifference
   Cause aujourd'huy vôtre silence !

MELPOMENE

Ignorez-vous, que le plus grand des Rois
Etendant chaque jour ses conquêtes

                          Et

PROLOGUE.

Et signalant son bras, par de nouveaux Exploits
A negligé nos plus superbes Fêtes ?

THALIE.

Depuis ce fatal moment,
Nos Spectacles privez de leur magnificence,
Ne sçauroient plus avoir l'éclat & l'agrement
Qu'ils ne devoient qu'à sa presence.

TERPSICORE.

La tristesse regne en ces lieux,
Nous rougissons de ne pouvoir lui plaire ;
Helas ! ne sçaurions-nous rien faire
Digne de paroître à ses yeux ?

MELPOMENE, THALIE,
TERPSICORE.

§Hélas ! ne sçaurions-nous rien faire
Digne de paroître à ses yeux ?

MERCURE.

Terminèz vos regrets, que vôtre douleur cesse.
Dans vôtre sort Jupiter s'interesse,
Et veut icy revoir, dés ce même moment
Vn spectacle charmant,
Qu'un changement favorable
Redonne à ces tristes lieux
Tout ce qu'ils ont eû d'aimable :
C'est l'Ordre irrevocable
Du Souverain des Dieux.

Ce lieu desert & détruit reprend tout d'un coup
sa premiere magnificence.

MELPOMENE.

Vous, secourables Genies,
Si necessaires à nos ieux,
Hâtez-vous, secondez nos vœux ;
Venez, & prêtez-nous vos graces infinies.

A 3   MEL-

PROLOGUE.

Le Theatre represente un lieu propre à donner des spectacles, & qui peut convenir à la Tragedie & à la Comedie ; Ce lieu n'a plus la magnificence qu'il paroist avoir eû autrefois, il est même presque détruit & ruiné. On y voit Melpomene, Terpsicore & Thalie sans aucune suite. Mercure descend du Ciel.

MERCURE, MELPOMENE, TERPSICORE, THALIE.

MERCURE.

SCavantes Sœurs, arbitres de la Scene,
  Quel accident funeste a fait cesser vos Ieux ?
Ie ne voy plus icy vôtre appareil pompeux,
  Et ie ne reconnois qu'à peine,
  Thalie, & Melpomene ;
Et vous dont les charmans Concerts,
En ces lieux autrefois, raisonnoient dans les Airs ;
  Quel trouble, ou quelle indifference
  Cause aujourd'huy vôtre silence ?

MELPOMENE

Ignorez-vous, que le plus grand des Rois
Etendant chaque jour ses conquêtes

Et

PROLOGUE.

Et signalant son bras, par de nouveaux Exploits
   negligé nos plus superbes Fêtes!

THALIE.

Depuis ce fatal moment,
Nos Spectacles privez de leur magnificence,
Ne sçauroient plus avoir l'éclat & l'agrement
   Qu'ils ne devoient qu'à sa presence.

TERPSICORE.

La tristesse regne en ces lieux,
Nous rougissons de ne pouvoir lui plaire;
Helas! ne sçaurions-nous rien faire
Digne de paroître à ses yeux?

MELPOMENE, THALIE, TERPSICORE.

§Hélas! ne sçaurions-nous rien faire
Digne de paroître à ses yeux?

MERCURE.

Terminez vos regrets, que vôtre douleur cesse,
Dans vôtre sort Jupiter s'interesse,
Et veut icy revoir, dés ce même moment
   Vn spectacle charmant,
   Qu'un changement favorable
   Redonne à ces tristes lieux
   Tout ce qu'ils ont eû d'aimable;
   C'est l'Ordre irrevocable
   Du Souverain des Dieux.

Ce lieu desert & détruit reprend tout d'un coup
sa premiere magnificence.

MELPOMENE.

Vous, secourables Genies,
Si necessaires à nos eux,
Hâtez-vous, secondez nos vœux;
Venez, & prêtez-nous vos graces infinies.

PROLOGUE.

MELPOMENE, TERPSICORE.

Animez d'une ardeur nouvelle,
Venez remplir nos defirs,
Et faites que nos plaifirs
Doivent leur charme à vôtre zéle.

Chœur de Genies.

Animez d'une ardeur nouvelle
Nous venons remplir vos defirs,
Nous nous flatons que vos plaifirs
Devront leur charme à nôtre zéle.

THALIE.

Vous qui fçavez fi bien, par une heureufe adreffe
Calmer les noirs chagrins, bannir les foins fâcheux,
Favorifez mes Sœurs, & mêlez dans leurs jeux quel-
ques traits de vôtre allegreffe.

MELPOMENE, THALIE,
TERPSICORE.

Que nos jeux vont avoir de charmes !
Tous nos chants vont infpirer l'Amour,
Venez tous, rendez-luy les armes,
Il eft doux dans cet heureux fejour.
Que nos jeux vont avoir de charmes !
Tous nos chants vont infpirer l'Amour,
Ce n'eft plus le temps des allarmes,
Les Plaifirs font enfin de retour.
Que nos jeux vont avoir de charmes !
Tous nos chants vont infpirer l'Amour.

MERCURE.

Jupiter va paroitre,
Redoublez vos effors pour plaire à vôtre Maitre.

Chœur.

PROLOGUE.

Chœur.

Iupiter va paroître.
Redoublons nos efforts pour plaire à nôtre Maître.

Dans ce moment Jupiter paroîst dans son Char.

JUPITER.

Il ne manque aux apprêts de la Fête nouvelle,
Que Mercure à soit préparé,
Que le choix du Heros qu'on y doit celebrer,
Le soin de le choisir auprés de vous m'appelle.
Renouvellez dans vos Ieux
Le souvenir de l'invincible Achile,
Et rappellez dans une Cour tranquile,
L'Histoire & les Combats de ce Guerrier fameux.

MELPOMENE, TERPSICORE, THALIE.

Renouvellons dans nos Ieux,
Le souvenir de l'invincible Achile,
Et rappellons dans une Cour tranquile,
L'Histoire & les Combats de ce Guerrier fameux.

JUPITER.

Consacrez tous vos Ieux au plus grand Roy du mon-
de,
Formez sur luy tous les Portraits
De vos Heros les plus parfaits,
Sa valeur, sa bonté, sa sagesse profonde,
Vous prêteront d'inimitables traits.

Chœur.

PROLOGUE.

Chœur.

Confacrons tous nos leux au plus grand Roy du
   monde,
Sa valeur, fa bonté, fa fageffe profonde
   Nous prêteront d'inimitables traits,
Confacrons tous nos leux au plus grand Roy du
   monde.

Fin du Prologue.

A C·

ACTEURS
DE LA
TRAGEDIE.

ACHILE, *Roy de Thessalie.*

PATROCLE, *Amy d'Achile.*

DIOMEDE, *L'un des Chefs de l'Armée des Grecs.*

VENUS.

Les Graces, les Amours, & les Plaisirs qui suivent VENUS.

ARCAS, *Confident d'Achile.*

Troupe de Chefs, & de Soldats Grecs.

AGAMEMNON, *Roy de Mycene, & d'Argo, Chef de tous les Grecs.*

PRIAM, *Roy de Troye.*

ANDROMAQUE, *veuve d'Hector fils de Priam.*

POLIAENE, *fille de Priam.*

BRISEIS, *Princesse Prisonniere d'Achile.*

JUNON.

La Hayne, la Discorde, la Fureur, l'Envie.

Suite de la Discorde.

Troupe de Troyens.

Troupe de Troyennes.

Troupe de Thessaliens.

ACHI-

ACHILE,

TRAGEDIE.

ACTE PREMIER.

*Le Theatre represente l'Isle de Tenede, ou Achil-
le s'est retiré auprés de ses Vaisseaux, depuis
sa querelle avec Agamemnon.*

SCENE PREMIERE.

ACHILE, PATROCLE.

PATROCLE.

NOn, je ne sçaurois plus me taire,
Ie vous dois un conseil sincere ;
Ne rougissez-vous point d'un indigne
repos ?
Quand les Grecs agitez de mortelles al-
larmes ,

A 6   Im.

Implorent à genoux le secours de vos armes,
Contre Hector, aprés vous, le plus grand des Heros.
   Tantôt ce guerrier terrible,
Des Grecs épouventez, embrase les Vaisseaux ;
   Tantôt son bras invincible,
Fait rougir de leur sang, & la terre & les eaux,
   Il court de victoire en victoire,
   Chaque jour, le bruit de sa gloire,
Va remplir l'Univers & vole jusqu'à vous,
Des honneurs qu'il obtient, n'estes vous point ja-
  loux ?

ACHILE.

Ie vois avec plaisir les pertes de la Grece,
   La valeur d'Hector m'a vangé,
Le fier Agamemnon connoîtra sa foiblesse,
Et se repentira de m'avoir outragé.

PATROCLE.

   Dequoy sert à ce Roy coupable
   D'avoir osé vous ravir Briseis ?
   Son attentat reçoit un digne prix,
   Et pour luy Briseis paroist inexorable,
Quand un rival puissant vient troubler nos amours,
Si l'objet de nos vœux luy resiste toûjours,
   Est-il de plus douce vengeance
Que de voir ce rival aimer sans esperance ?

ACHILE.

Connoy mieux les raison de mon juste courroux,
Ce n'est point seulement par un dépit jaloux,
Que ie refuse aux Grecs un secours necessaire,
Ils ont marqué trop de mépris pour moy,
   Ils m'ont laissé subir la violente Loy
   De leur Chef temeraire.
Non, jamais leurs malheurs ne sçauroient m'émou-
  voir,
Leurs Vaisseaux embrasez, leurs Troupes fugitives,
Leur Camp détruit, tout leurs Rois sans pouvoir,
         Leurs

Leurs corps épars sur ces sanglantes rives
Seroient encor des objets impuissans,
Pour suspendre un moment la fureur que je sens

PATROCLE.

Eh bien ! d'un œil content regardez nos allarmes ;
Mais quand vous nous meprisez tous ,
Du moins accordez moy ces armes
Que Vulcain prepara pour vous;
J'irai combatre Hector, & me combler de gloire ,
Ie remporteray la victoire ,
Où j'expireray sous ces coups.

ACHILE.

Qu'oses tu proposer Dieux/que viens-je d'entendre?
Ie commence à trembler pour la premiere fois ,
Quand je songe au combat que tu veux entreprendre.

PATROCLE.

Au nom d'une amitié qui fut toûjours si tendre ,
Permettez moy d'imiter vos exploits.
Ie connois les perils où mon dessein m'engage,
Tout semble m'annoncer les fers ou le trepas ;
Mais si j'en croy mon courage ,
Ce superbe ennemy ne triomphera pas.

ACHILE.

D'une vaine terreur je n'ay plus l'ame atteinte,
Va combattre; le Ciel prendra soin de ton sort ,
Puisque ton cœur est sans crainte ,
Ton bras ne sera que trop fort.

PATROCLE.

Ie cours assurer ma memoire,
J'ay tous les sentimens & les soins des Heros ;
Non, les jours les plus doux passez dans le repos
Ne valent pas un jour marqué par la victoire.

SCE-

SCENE SECONDE,

ACHILE, *seul.*

Patrocle va combattre? & j'ay pû consentir
Qu'il courût aux dangers qui menassent sa vie?
Ah! je devois l'empécher de partir,
Hélas de qu'els regrets sa mort seroit suivie?
Si le sort irrité pour accabler mon cœur
Le faisoit expirer sous le fer d'un vainqueur.
Prevenez justes Dieux, mon desespoir funeste!
Cét amy genereux, est le seul qui me reste,
Conservez ses jours par pitié!
On m'a privé de l'objet que j'adore,
Ce seroit trop d'horreur de me priver encore
De l'objet de mon amitie.

SCENE TROISIE·ME.

ACHILE, DIOMEDE.

DIOMEDE.

NE répondrez-vous point aux desirs de la Grece?
Il faut qu'en sa faveur vôtre colere cesse,
Elle ne peut sans vous triompher des Troyens,
En vain nous assiegeons leur Ville,
Nos Dieux sont moins forts que les siens,
Sa prise est reservée à la valeur d'Achile.

ACHILE.

De quel employ vous chargez-vous?
N'esperez pas de ftéchir mon courroux,
Diomede, je veux achever ma vangeance:
Vos Rois & vos Peuples ingrats,
Auroient encor pour moy la même indifference,
S'ils n'avoient besoin de mon bras.

DIOMEDE.

Quoy! leur prompt repentir ne peut vous satis-faire?

ACHI-

ACHILE.

Ils ont pris trop de soin d'attirer ma colere.

DIOMEDE.

Mais pouvez-vous aimer un si triste sejour,
Et languir en ces lieux dans une vie obscure?
Vous? à qui les Destins promettoient chaque jour
Quelque glorieuse avanture.

ACHILE.

Malgré mes cruels déplaisirs,
La Déesse de Cytheie
En faveur de Thetis ma mere
Interrompt mes segrets, & suspend mes soûpirs,
Cette charmante Déesse
Vient en ces lieux tous les jours,
Ie vois avec elle sans cesse
Les graces, les plaisirs, les jeux & les amours;
Leur presence est d'un grand secours
Contre la plus sombre tristesse.

DIOMEDE.

C'est pour servir nos ennemis
Qu'on prend ces soins mortels à vôtre gloire,
Songez que de vous seul dépend nôtre victoire,
Et que tout nôtre sort en vos mains est remis,
Faut-il que vôtre cœur se livre
A l'amour des vains plaisirs?
Quelque douceur que l'on goûte à les suivre,
Vn Heros doit former de plus nobles delirs,

ACHILE.

La Déesse paroist? & déja sa presence
Donne à ces lieux mille beautez,
I'admire ses bien-faits, j'admire sa puissance,
Trop heureux de joüis, sur tes bords écartez
Des plaisirs innocens qui me sont presentez.

SCE-

SCENE QUATRIE'ME.

VENUS, ACHILE.

Venus paroiſt en l'air avec l'amour ; elle eſt ac-
compagnée des Graces, & des Plaiſirs ; le nüa-
ge qui les porte deſcend juſques au bas du
Theatre, ils en ſortent tous, & le nüage ſe va
perdre dans les Airs.

VENUS.

J'Abandonne les Cieux, je deſcends ſur la Terre:
Pour finir de tes maux le déplorable cours,
En vain l'injuſte ſort t'a déclaré la guerre,
    Eſpere tout de mon ſecours.
    Vous, Divinitez aimables,   *
Du plus grand des Heros charmez le triſte cœur,
Et faites ſuccéder à la vive douleur
    Les plaiſirs les plus agreables.

* La Danſe de ce Divertiſſement à eſté faite
par Monſieur de Leſtang.

SCENE CINQUIE'ME.

ACHILE, LES GRACES, LES PLAISIRS.

UNE DES GRACES.

GRand Heros, le Ciel vous eſt propice,   *
Vos vertus ſe font rendre juſtice,
Tout conſpire aujourd'huy
A finir vôtre ennuy.

UN PLAISIR.

Si l'Amour a cauſé vos allarmes,
Ses faveurs en auront plus de charmes;

* La Danſe de ce Divertiſſement à eſté faite
par Monſieur de Leſtang.

Prepa-

Preparez vôtre cœur,
Au plus parfait bonheur.

DEUX GRACES ET UN PLAISIR.

Quel mortel osa jamais pretendre
Les soins qu'Icy nous venons vous rendre?
Qui veut ses merites
N'a qu'a vous imiter.

UNE DES GRACES.

C'est pour vous que Venus nous appelle,
Profitez de nôtre ardeur fidelle,
Vous aurez en ces lieux
Tous les plaisirs des Dieux.

UN PLAISIR.

C'est en vain que la haine & l'envie
Sont d'accord pour troubler vôtre vie,
Par nôtre heureux secours
Vous en triompherez toûjours.

DEUX GRACES ET UN PLAISIR.

Puissiez-vous par nos soins favorables
Ne passer que des jours agreables!
Est-il rien de si doux
Que de vivre avec nous?

SCENE SIXIE'ME.

ACHILE, LES GRACES, LES PLAISIRS, ARCAS.

ARCAS.

O Déplorable coup du sort!

ACHILE.
Je fremis par le!

ARCAS.
Patrocle est mort.

ACHI-

ACHILE.

Ciel! quelle affreuse nouvelle!
Laiſſez-moy, fuyez de ces lieux,
Vos appas, vos Concerts, & tous les ſoins des Dieux
Ne ſçauroient plus calmer ma triſteſſe mortelle.

SCENE SEPTIE'ME.

ACHILE., ARCAS.

Courons vanger cét amy que je pers,
Que de ſang & de morts tous ces champs ſoient couverts!
Que ſon fier vainqueur periſſe!
Je dois à l'amitié ce juſte ſacrifice.
Manes de ce Guerrier dont je pleure le ſort,
Je vous promets une prompte vangeance,
J'en atteſte des Dieux la ſuprême puiſſance,
Je cours chercher Hector, je cours hâter ſa mort,
Dans l'eternelle nuit ſon ombre va vous ſuivre,
Ou moy même aujourd'huy je ceſſeray de vivre,

Fin du premier Acte.

ACTE

ACTE SECOND.

Le Theatre represente le Camp des Grecs de-
vant Troye ; ceste superbe Ville paroît dans
l'éloignement.

SCENE PREMIERE.

AGAMEMNON, DIOMEDE.

DIOMEDE.

Vis qu'Achile combat, nous allons triompher,
  Nôtre victoire est certaine,
Cessez de le hair, hâtez-vous d'étouffer
Le malhêureux Amour qui cause vôtre haine.
  Vous devez rendre à ce Heros
  Le charmant objet de sa flame.

AGAMEMNON.

Ah, s'il faut à ce prix assûre son repos,
Dieux ! qu'il en coûtera de tourmens à mon ame ;

DIOMEDE.

Si vous pouviez fléchir la cruelle beauté,
  Dont vôtre cœur est enchanté,
  I'excuserois une injustice
  Qui finiroit vôtre sort rigoureux :
Mais je dois condamner un funeste caprice
Qui vous rend tout ensemble injuste & malheureux.

AGAMEMNON.

Il est vray que j'attaque un cœur inexorable,
  Ie ne puis fléchir sa rigueur ;
Mais contez-vous pour rien la flateuse douceur
  De rendre un rival miserable !

DIOMEDE.

Le malheur d'un rival flate-t'il vôtre ennuy,
Quand vous estes encor plus malheureux que luy ?
         Roppel-

Rappellez vôtre courage ,
Que la raison vous dégage
De vos fatales Amours.

A G A M E M N O N.

Que peut de la raison le triste & vain secours
Contre les traits vainqueurs d'une beauté cruelle ?
Quand l'Amour à nos yeux vient l'offrir tous les jours
  Avec quelque grace nouvelle.
Ranimons toutefois mon courage abatu ,
C'est nourrir trop long-temps une vaine tendresse,
  Surmontons ma foiblesse
Par un dernier effort digne de ma vertu.

D I O M E D E.

Achile est triomphant, je le vois qui s'avance
Suivy de nos Soldats, charmez de sa valeur.

A G A M E M N O N,

Eloignons-nous, evitons sa presence ,
Je ne sçaurois encor repondre de mon cœur.

SCENE SECONDE.

ACHILE, CHEFS ET SOLDATS GRECS.

Chœur.

Guerrier terrible , *
Soyez toûjours invincible.
Que vos exploits
Fassent trembler tous les Rois
Ciel equitable ,
Sois luy toûjours favorable ,
Que son ronheur
Soit egal à sa valeur
Guerrier terrible &c.

* La Danse de ce divertissement à esté faite
par Mr. Pecourt.

Quelle

Quelle allegresse !
Quel triomphe pour la Grece !
Ses ennemis
Luy seront bien-tôt soûmis.
Guerrier terrible
Soyez toûjours invincible,
Que vos exploits
Fassent trembler tous les Rois.

DEUX CAPITAINES GRECS.

Venez tous à l'envy seconder nôtre ardeur,
Honnorez vôtre heureux Defenseur,
Celebrez sa victoire,
Chantez la valeur & sa gloire,
Que tous nos Rois
Charmez de ses Exploits
Soient soûmis à ses loix.

Chœur.

Suivons, suivons sans cesse
Ce Heros, ce fameux vainqueur,
C'est à son bras, que la Grece
Doit la force & son bonheur.

Chœur.

Chantons la valeur & sa gloire
Du Heros qui nous a sauvez,
Qu'il jouïsse, aprés sa victoire
Des honneurs éclatans à luy seul reservez ;
Chantons la valeur & la gloire
Du Heros qui nous a sauvez,
De ses heureux travaux cherissons la memoire,
Consacrons-luy des jours qu'il nous a conservez,
Chantons la valeur & la gloire
Du Heros qui nous a sauvez.

ACHILE.

Allez, que chacun coure ou son devoir l'appelle,
Vos soins pour moy feroient trop de jaloux,
Et de mes ennemis la vangeance cruelle
Ne pouvant m'accabler retomberoit sur vous.

SCENE

SCENE TROISIE'ME,

ARCAS, PRIAM, ANDROMA-QUE, POLIXENE.

ARCAS.

Venez, marchez sans défiance,
Les Grecs vous ont donné leur foy,
Achile est genereux, craignez moins sa presence,
Et qu'une juste esperance
Succéde à vôtre effroy.

SCENE QUATRIE'ME.

PRIAM, ANDROMAQUE, POLIXENE.

PRIAM.

Restes infortenez du plus beau sang du monde,
Polixene, ma fille, & vous veuve d'Hector,
Mêlez vos pleurs aux miens, & s'il se peut en-
cor,
Que tout redouble icy nôtre douleur profonde.

PRIAM, ANDROMAQUE, POLIXENE.

Puissons-nous attendrir le cœur
De ce superbe vainqueur !

SCENE CINQUIEME.

ACHILE, ARCAS, PRIAM, ANDROMAQUE, POLIXENE.

PRIAM.

Vous voyez, Guerrier indomptable,
Vn Roy qui fut long temps le plus puissant des
Rois ;

C'est

C'est ce même Priam, qui tenoit sous les loix
Des Troyens renommez, l'Empire redoutable,
C'est luy que le dernier de vos fameux Exploits,
Vient de rendre plus miserable,
Qu'il ne fut heureux autrefois.

ACHILE.

Le sort ne peut changer l'auguste caractere,
Dont les Dieux vous ont revêtu,
Ie le respecte en vous, je plains vôtre vertu.
Ie sens expirer ma colere,
Ie cesse de haïr mes plus grands ennemis,
Sitôt que je les vois ou vaincus ou soûmis.

ANDROMAQUE.

I'ay perdu mon époux dans un combat funeste,
Vôtre valeur me l'a ravy ;
Mon amour, chez les morts, l'auroit déja survy.
Sans les soins que je dois au seul fils qui me reste,
Vous le sçavez, Dieux que j'atteste,
Au sort de cét enfant, mon sort est asserry ;
Ie l'ay perdu cét époux que j'adore,
Et pour comble d'horreur, je sçay qu'il est encore
Indignement privé, par des ordres cruels
D'un droit que le trépas donne à tous les mortels :
Souffrez que je le rende aux murs qui l'ont vû naître,
Qu'un superbe Tombeau fasse du moins connoître
La splendeur de son sang, son sort & mon amour ;
Ce Tombeau servira de Temple à vôtre gloire,
Puis que tout l'avenir y verra quelque jour
L'histoire de nos maux & de vôtre victoire.

ACHILE.

Quels regrets ! quels tristes accens !
Dieux ! que sa douleur est tendre !
Que ses soupirs sont puissans !
Que je souffre à les entendre !

PRIAM.

Par vos facrez Ayeux, par le nom de Thetis,
Laiffez-moy recüeillir les cendres de mon fils.
　　Pour m'accorder la grace que j'efpere
　　Souvenez-vous de vôtre Pere,
Et fongez que l'Amour il eut toûjours pour vous
Je fentois pour mon fils une égale tendreffe,
Ah! jugez par l'excés de cet Amour fi doux
Quel doit être aujourd'huy l'excés de ma triſteffe.

POLIXENE.

Que pourrois-je efperer du fecours de mes pleurs,
Si mon Pere & ma Sœur vous trouvent inflexible!
　　Si vous méprifez leurs douleurs,
A mes plaintes, helas! ferez-vous plus fenfible?
Sorty du fang des Dieux imitez leur bonté,
　　A nos foûpits rendez-vous favorable,
N'augmentez-point l'excés de nôtre adverfité
　　Par un refus impitoyable.

ACHILE.

Que peut-on refufer au pouvoir de vos yeux?
　　Vous pouvez tout en ces lieux.
Raffûrez-vous, calmez la douleur qui vous preffe,
Emportez dans vos murs ce Heros glorieux,
　　Ne craignez-point les efforts de la Grece,
　　J'arrêteray fes deffeins furieux:
　　Suivez l'ardeur qui vous anime,
Rien ne vous troublera dans ce foin legitime:
　　Je ne vais fonger déformais
　　Qu'à vous donner une éternelle paix.

Fin du fecond Acte.

A C-

ACTE TROISIEME.

Le Theatre represente le Quartier d'Achile.

SCENE PREMIERE.

ACHILE, ARCAS.

ACHILE.

C'En est fait, cher Arcas, j'adore Polixene,
Quoy qu'il en coûte enfin, je veux la posseder;
C'est toy que j'ay choisi pour l'aller demander,
Cours à Troye, il est temps de soulager ma peine.

ARCAS.

Son Pere à vôtre Amour voudra-t'il l'accorder ?

ACHILE.

Il sera trop heureux de me donner sa fille
          Et de me voir devenir son époux;
L'amitié que ce nœud fera naitre entre nous
Soutiendra desormais son Thrône & sa famille.

ARCAS.

Iuste Ciel ! des Troyens vous devenez l'appuy ?
Loin de les accabler vous voulez les defendre ?

ACHILE.

Contre un Peuple abatu, que pourois-je entre-pren-
          dre
Aprés ce que mon bras vient de faire aujourd'huy ?
          Hector seul meritoit la gloire
          De mourir par mes coups,
     reste des Troyens aprés cette victoire
          Est indigne de mon courroux.

B   SCE-

SCENE SECONDE,

ACHILE,

Qvand apres un cruel tourment
L'hymen succede
Aux tendres defirs d'un Amant,
Que le trouble qui precede
Ce bien-heureux moment
Eft doux & charmant !
Mais on vient en ces Lieux, ma furprife eft extrême !
C'eft Agamemnon luy-mefme.

SCENE TROISIE-ME.

ACHILE, AGAMEMNON.

AGAMEMNON.

JE ne fçaurois plus long-temps
Conferver contre vous mes chagrins & ma haine,
Après vos Exploits éclatans,
Vn mouvement plus doux près de vous me ramene ;
Avec les jours d'Hector nos perils font paffez,
Troye a perdu le bras qui pouvoit la defendre.

ACHILE.

I'ay fait mon devoir, c'eft affez,
Vous n'avez point de graces à me rendre :
Ie n'ay point crû fervir ceux qui m'ont outrage,
Et c'eft Patrocle feul que mon bras a vangé.

AGAMEMNON.

Vôtre colere dure encore,
Elle éclate dans vos difcours :
Il faut pour en finir le cours
Vous rendre la beauté qui vous aime toûjours,
Et que vôtre cœur adore.
Venez, charmant objet, revoyez vôtre amant.

SCE-

SCENE QUATRIE'ME.

ACHILE, BRISEIS, AGAMEM-
NON, DIOMEDE.

ACHILE.

AH Ciel! ma raison céde à mon étonnement;

AGAMEMNON.

Mes respects, mes soûpirs, les marques de ma flame
N'ont fait qu'allumer son courroux;
Ses constantes rigueurs m'ont appris que son ame
Ne peut brûler que pour vous.

DIOMEDE.

Joüissez du bonheur que l'amour vous presente,
Que vôtre ardeur s'augmente
De moment en moment!
Que c'est un plaisir charmant
Aprés une absence cruelle
De retrouver sa Maîtresse fidelle!

SCENE CINQUIEME.

ACHILE, BRISEIS.

BRISEIS.

QVel triste accüeil, Dieux! qu'est-ce que je voy?
Suis je encor Briseis! N'etes vous plus Achile?
Pouvez-vous me revoir, & demeurer tranqui-
le?
Qu'est devenu l'Amour dont vous brûliez pour moy?
Vous ne répondez-point?....

ACHILE.

Helas!

B 2   BRI-

BRISEIS.

Que me veut dire
Ce regard, ce soûpir échapé malgré vous ?
Ah ! que mon destin sera doux
Si c'est encor pour moy que vôtre cœur soupire !

ACHILE.

O Ciel ! que je suis malheureux !
Dans quel temps venez-vous m'accabler de vos lar-
mes ?
Que ne suis-je à mon gré le maître de mes vœux !
Je finirois bien-tôt vos mortelles allarmes,
Mais un charme fatal. . . .

BRISEIS.

Perfide, c'est assez.
Je voy toute mon infortune,
Vn autre Amour te rend ma tendresse importune,
Je te fatigue enfin par mes soins empressez :
Le bruit de cette amour nouvelle
Estoit venu jusques à moy,
Mais je n'ay pû le croire & soupçonner ta foy,
J'ay crû ton cœur trop grand pour n'être pas fidele.
C'en est donc fait ? Je ne dois plus penser
A l'Hymen qui faisoit toute mon esperance,
A ce suprême honneur il me faut renoncer,
D'un Amour si parfait, funeste recompense !
Dieux ! quelle est ma douleur ? Je cede à son effort,
Cruel, peux-tu la voir avec indifference ?
Et ne sçais-tu pas que ma mort
Suivra de prés ton inconstance ?

ACHILE.

Je ne puis entendre
Vne plainte si tendre.
Je souffre autant que vous les Dieux m'en sont té-
moins,
Faut-il vous immoler ma vie ?

Or.

Ordonnes, ce sera le plus doux de mes soins
De satisfaire à vôtre envie :
Mais calmez vos transports & ne m'affligez plus
Par des reproches superflus.
Vous connoissez mon cœur incapable de feindre,
Je suis moins criminel que je ne suis à plaindre,
Du sort & de l'Amour l'indispensable loy
M'entraine ailleurs malgré moy.

SCENE SIXIE'ME.

BRISEIS.

Q Vel Amant m'est ravy ? sa valeur, sa noblesse
L elevent au dessus du reste des mortels,
La victoire le suit sans cesse,
Et ses moindres vertus meritent des Autels ;
Dans le haut rang où son destin l'appelle
Il eût este parfait, s'il eût esté fidelle.
Mais n'est-il pas quelque moyen
De détourner l'Hymen où son cœur se prepare ?
Ah ! faisons que Iunon contre luy se declare,
Elle hait tout le sang Troyen ;
Et ne souffrira pas que cét Hymen funeste
Sauve un peuple qu'elle deteste.
Puissante Reyne des cieux !
Escoûtez-moy, daignez jetter les yeux
Sur le malheur qui me menasse,
Prevenez ma honte & ma mort,
En prennant pitié de mon sort.
Des perfides Troyens vous confondrez l'audace,
Mes vœux sont exaucez, Iunon descend des cieux,
Es pour me secourir s'approche de ces lieux.

Iunon descend sur son Char.

SCENE SEPTIE'ME.

JUNON, BRISEIS.

JUNON.

CAlme tes deplaisirs, ne verse plus de larmes,
L'Hymen qui cause tes allarmes
Ne sera jamais achevé.
En vain Priam croit son païs sauvé,
Son Throne doit tomber, & de toute sa gloire
Il ne restera rien qu'une triste memoire.
Ie vais évoquer des Enfers
Là hayne, la Fureur, la Discorde & l'Envie,
Leur presence sera suivie
De cent prodiges divers
Sortez de la nuit infernale
Noires divinitez, vos antres sont ouvers.

Dans le temps qu'elles sortent des Enfers, tout
le Theatre est obscurcy.

BRISEIS.

L'Horreur de leur Sejour, se répand dans les Airs

JUNON.

Volez, portez par tout vôtre rage fatale,
Versez dans tous les Cœurs vôtre mortel poison,
Chassez la Paix de cette terre,
Et faites y regner la Guerre,
La Vangeance, & la Trahison.
Versez dans tous les Cœurs vostre mortel poison.

Junon remonte dans son Char.

Poursuivez vostre carriere
Soleil, & rendez nous vôtre clarté premiere.

BRISEIS.

Favorable Déesse *
J'attens le succes de vos soins.

JUNON.

Avant la fin du jour tes yeux seront témoins
De l'effet de ma promesse.

*La danse des Furies a esté faite par Mr. Le
stang.*

SCENE HUITIE'ME.

BRISEIS.

Junon pour moy vient de se declarer,
Elle a fait à mes yeux éclater sa puissance,
Je doy tout esperer
De sa divine assistance.

On entend un bruit de Haut-bois & de Flûtes.

Mais quel bruit harmonieux
Se fait entendre dans ces lieux !
Ah ! je voy les Berges que l'horreur de la Guerre
Avoit chassez de cette terre.
La treve les r'appelle à leur premier sejour,
Et déja leurs chansons annoncent leur retour.
Que leurs chants irritent la peine
Et la douleur que je sens !
Fuyons, je ne puis voir leurs plaisirs innocens
Puis-qu'ils sont dûs à Polixene.

SCENE NEUFVIE'ME.

TROUPE DE BERGERS ET DE BERGERES.

UN BERGER.

APrés tant de trouble & de larmes *
Vn doux repos succéde à nos allarmes ,
Benissons à jamais
Le genereux Vainqueur qui nous donne la paix.

UN BERGER, ET UNE BERGERE.

Cét heureux jour doit nous charmer,
Dans ces champs mille fleurs vont renaître,
Recommençons d'aymer
En les voyant paroître.

TROIS BERGERS.

Cherchons avec empressement
Ces retraits, ces lieux paisibles
Que le Ciel a fait seulement
Pour le plaisir des cœurs sensibles.

UN BERGER, ET UNE BERGERE.

Tristes bocages
Reprenez vos feüillages ,
Servez nous toûjours
D'azile à nos Amours.

Le Chœur.

* La danse de ce divertissement a esté fait par
Mr. P cours.

UN BERGER , ET UNE BERGERE.

Paix adorable
Soyez toûjours durable ,

Sans

Sans vous helas !
Ces lieux n'ont point d'appas.

Le Chœur.

Paix adorable, &c.

Le Chœur.

Aprés tant de trouble & de larmes
Vn doux repos succéde à nos allarmes,
Benissons à jamais
Le genereux Vainqueur qui nous donne la Paix.

Fin du troisiéme Acte.

ACTE QUATRIE'ME.

Le Theatre reprefente le magnifique Palais de Priam.

SCENE PREMIERE.

POLIXENE, *feul.*

ENfin je me vóy feule, & je puis fans contrainte,
　　Faire éclater les divers mouvemens
　　　Dont mon ame eft atteinte,
Et connoître du moins quels font mes fentimens.
Depuis l'inftant fatal ou l'invincible Achile
A daigné par fes foins foulager nôtre ennuy,
　　Je fuis cent fois moins tranquile,
　　　Et je fonge toûjours à luy.
Seroit ce qu'en effet une indigne foibleffe
　　Me previendroit en fa faveur?
　　　Non, non, je me fouviens fans ceffe
Des maux què m'a caufé fa funefte valeur,
Et le vainqueur d'Hector, le vangeur de la Grece
　　Ne peut avoir aucun droit fur mon cœur.
C'en eft fait je triomphe, & dés ce moment même
　　Je ne veux plus m'en fouvenir.
Puiffe, grands Dieux, vôtre pouvoir fuprême
　　Me condamner & me punir!
Si jamais…… Ciel! que fais-je! & quel tranfport
　　m'infpire!
　　Malheureufe, qu'allois-je dire!
Dois-je faire un ferment pour ne le pas tenir?
　　Je fouffre trop dans les cruels combats,
　　Qu'il m'en coûte pour me défendre!
　　　Et je trouve mille appas
　　　　A me rendre.
　　Mais puis-je avoüer fans honte,
　　　Que l'Amour me furmonte!

N° 6.

N'écouteray-je plus ny raison ny devoir ?
Contre ce Dieu leur force est impuissante ?
    Est il un cœur qui s'exempte
    De reconnoître son pouvoir ?
Ie luy céde aujourd'huy. Tous mes efforts sont vains.
Ie ne puis resister à l'ardeur qui m'enflame ;
Mais du moins, si l'Amour dispose de mon ame,
    C'est en faveur du plus grand des humains.

SCENE SECONDE.

ANDROMAQUE, POLIXENE.

ANDROMAQUE.

AH ! ma sœur, sçavez-vous qu'Achile
Se flate qu'un hymen tranquile
Avant la fin du jour doit vous unir tous deux ?
    Souffrirez-vous que ce nœud s'accomplisse ?
    Et pouvez vous sans injustice
De ce fier ennemy favoriser les vœux ?
Auriez-vous oublié que sa valeur barbare
D'un frere tant aymé pour jamais vous sepase ?
D'un frere la terreur & l'amour des mortels :
Cette sanglante mort, cette affreuse victoire
    Toûjours presente à ma memoire
A condamné mes yeux à des pleurs eternels.

POLIXENE.

Est-ce de moy que mon sort doit dependre ?
    Priam seul en peut disposer.

ANDROMAQUE.

Par ce détour croyez-vous m'abuser ?
Non, non, je commence à comprendre
Quels sont vos sentimens secrets,
Vos yeux timides & distraits
Ne me les font que trop entendre.

POLIXENE.

Que voulez-vous me dire ? & que soupçonnez-vous?

ANDROMAQUE.

Que loin de seconder ma haine
Vous verrez sans peine
Ce funeste ennemy devenir vôtre époux.
Vous voulez jouïr de la gloire
De triompher de sa fierté,
C'est un agreable victoire
Pour vôtre vanité.

POLIXENE.

Quand je voy ce Heros digne de mon estime,
Sentir pour moy l'Amour le plus parfait,
Est-ce un grand crime
De m'en applaudir en secret ?

ADDROMAQUE.

Aprés un tel aveu je n'ay plus rien à craindre,
C'est le dernier malheur que je puis redouter.
Helas / que me sert de me plaindre?
Personne ne veut m'écouter.
Cher époux dont l'illustre vie
Fut si digne d'envie,
Tout ton sang te trahit pour plaire à ton Vainqueur,
Je pleure en vain ta mort, triste effet de ses armes,
Je voy mépriser mes larmes
Et par ton Pere & par ta sœur ;
Mais leur exemple au moins ne peut rien sur mon
ame,
Je sens encor la même flame
Et la même douleur.
Le seul espoir dont mon cœur est flaté,
C'est qu'en donnant toûjours des pleurs à ta memoi-
re,
Je rendray ma fidelité
Aussi fameuse que ta gloire,

SC.

SCENE TROISIE'ME.

POLIXENE, *seule.*

Qve' reproche fatal, je rougis de l'entendre,
Il me fait souvenir des conseils de Cassandre;
Elle me prédit chaque jour
Que si jamais mon cœur s'abandonne à l'Amour
Ma flâme Tera suivie
D'éternelles douleurs;
Elle m'annonce enfin de si cruels malheurs
Qu'ils pourront me coûter la vie:
N'importe, je ne puis changer de sentiment,
Mon cœur est occupé d'un objet trop charmant,
Malgré les conseils qu'on me donne
D'une plus vive ardeur je me sens enflamer,
Vn cœur que le peril estonne
N'est pas digne d'aimer.

SCENE QUATRIE'ME.

PRIAM, POLIXENE, ARCAS *suite de* PRIAM & d'ARCAS.

PRIAM.

MA fille, il n'est plus temps de répandre des
pleurs,
Voicy le jour heureux qui finit nos malheurs:
Le fier Achile rend les armes
A tes charmes,
Et malgré tous les Grecs jaloux de ton bonheur,
Il te donne aujourd'huy son Empire & son Cœur,

AR.

ARGAS.

Princesse, ce Heros ne cherche qu'a vous plaire
Vous avez en vos mains & sa vie & sa mort ;
C'est à vous de regler son sort ;
Il a déja l'aveu de vôtre Pere,
Mais pour affûrer son bonheur,
Il veut sçavoir si vôtre cœur
tendres desirs ne sera pas contraire,

POLIXENE.

C'est assez que le Roy m'ordonne d'obeïr,
Ie connois mon devoir, se ne le puis trahir.

PRIAM.

Quel changement favorable
Flate aujourd'huy mes desirs !
Auroit-je crû mon cœur encor capable
De sentir quelques plaisirs ?
Malgré ce changement un chagrin legitime
Eh trouble la douceur de s'oppose à la paix ;
Mais le soin de l'Etat est le seul qui m'anime,
Et je prefere à tout le bien de mes Sujets.
Vous, que vôtre sort interesse
Dans cét evenement heureux,
Peuples, montrez vôtre allegresse,
Par les Ieux les plus pompeux,

SCE-

SCENE CINQUIE'ME.

POLIXENE, ARCAS, TROUPE DE TROYENS ET DE TROYENNES.

UN TROYEN.

VOs beaux yeux, adorable Princesse,
Ont détruit les desseins de la Grece,
Vn seul de vos regards a rangé sous vos loix
Vn Heros dont le nom fait trembler tous les Rois.

Le Chœur.

Vos beaux yeux, adorable Princesse, &c.

UNE TROYENNE.

Que ne peuvent point vos charmes !
Tout leur est soûmis,
Ils arrachent les armes
A nos ennemis.
Que ne peuvent point vos charmes,
Tout leur est soûmis.

Le Chœur.

Que ne peuvent vos charmes !

DEUX TROYENS.

Que l'amour est puissant sur les cœurs !
Il enchaîne
Sans peine
Les plus redoutables Vainqueurs.

* La Danse de ce divertissement a esté faite
par Mr. Pecourt.

UNE

UNE TROYENNE.

Qu'après une grande victoire
Vn Guerrier est heureux,
s'il sçait mêler aux charmes de la gloire
Le doux amusement des plaisirs amoureux.

UNE TROYENNE.

Vous si long-temps bannis de ce sacré sejour,
Jeux châtmans, revenez dans cette auguste Cour.

UN TROYEN,

La Paix rameine icy l'abondance,
Faites voir vôtre magnificence,
Par vos chants redoublez, celebrez ce grand jour,
Et de vôtre bonheur rendez grace à l'Amour,

Le Chœur.

La Paix rameine icy l'abondance,
Faisons voir nôtre magnificence,
Par nos chants redoublez, celebrons ce grand jour,
Et de nôtre bonheur rendons grace à l'Amour,

Fin du quatriéme Acte.

A C.

ACTE CINQUIE'ME.

Le Theatre represente l'avenuë & le Temple d'Apollon.

SCENE PREMIERE.

ACHILE.

AH, que sur moy l'Amour regne avec violence!
Que de transports puissans mon cœur est agité
Mais j'apperçoy la divine beauté
Qui cause mon impatience,
Son Pere la conduit, & vient sur ces Autels
Entendre & confirmer nos sermens mutuels.

SCENE SECONDE.

ACHILE, ARCAS, POLIXENE, CHOEUR DE GRECS DE LA SUITE D'ACHILE, CHOEUR DE TROYENS ET DE FILLES TROYENNES QUI SUIVENT PRIAM ET POLIXENE.

ACHILE.

PRincesse enfin le Ciel répond à mon attente;
Il assure à mon cœur les plaisirs les plus doux,
Ah! que mon sort doit faire de jaloux!
Si l'Hymen dont l'espoir m'enchante
N'est pas un supplice pour vous.

Quoy!

Quoy ? ce transport ne sert qu'à vous confondre ?
Craignez-vous de me répondre ?
Pourquoy tourner vos yeux de toutes parts ?
N'osez-vous sur moy seul arrêter vos regards ?
Parlez, beauté charmante,
Le don de vôtre cœur suivra t'il vôtre foy ?

POLIXENE,

Hélas ! plus je vous voy,
Et plus mon trouble s'augmente.

ACHILE.

Puis-je du moins en ma faveur
Expliquer ce profond silence ?

POLIXENE.

Vn Heros tel que vous, quand il donne son cœur,
N'est-il pas assûré de la reconnoissance ?

ACHILE.

C'en est trop ; vos bontez passent mon esperance.

SCENE TROISIE'ME.

ACHILE, PRIAM, POLIXE-
NE, ARCAS, TROUPE DE
GRECS, TROUPE DE TROYENS
ET DE TROYENNES.

PRIAM.

Commençons à joüir en ce jour
Des plaisirs que la paix nous rameine
Les feux de la haine
Cédent à ceux de l'Amour.

PRIAM, ACHILE, POLIXENE.

Commençons à joüir en ce jour
Des plaisirs que la paix nous rameine,
Les feux de la haine
Cédent à ceux de l'Amour.

ACHILE.

Peuples soumis à mes loix ,
Secondez les transports de mon ame ;
Ioignez vos voix
Pour chanter les beautez de l'Objet qui m'enflâme,

PRIAM.

Peuples soûmis à mes loix,
Vous joüissez d'un fort tranquile,
Ioignez vos voix
Pour chanter les vertus & le bonheur d'Achile.

Le Chœur.

Que tous ces lieux retentissent   *
Du nom de ces heureux époux ,
Que l'Amour & l'Hymen les unissent
De leurs nœuds les plus doux.

* La Danse de ce Divertissement à esté faite
par Monsieur Leslang.

UN

A C H I L E,
UN GREC.

Ah que vos chaînes sont belles !
Tendres Amans, que vous serez heureux !
Seuls dignes l'un de l'autre, & pleine des mêmes feux,
Egalement charmes, également fidelles,
Tendres Amans, que vous serez heureux,

Le Chœur.

Tendres Amans, que vous serez heureux !

UN GREC, ET DEUX TROYENNES.

Chacun de vous connoît le prix de ce qu'il aime,
Et luy consacre tous ses vœux ;
Chacun de son Amour fait sa gloire suprême,
Tendres Amans, que vous serez heureux !

Le Chœur.

Tendres Amans, que vous serez heureux,

PRIAM.

Ne perdons plus de precieux momens,
Allons sur les Autels consacrer les Sermens
D'une paix éternelle.

ACHILE, POLIXENE.

Ne perdons plus de precieux momens,
Allons sur les Autels consacrer les Sermens,
D'une paix éternelle,
Et d'un Amour tendre & fidele.

SCENE QUATRIE'ME.

BRISEIS.

Qve vois je ? c'en est fait, & mon parfait A-
niant
Espouse en ce moment
Sa nouvelle Maistresse.
Ah ! Iunon, est-ce ainsi que tu tiens ta promesse ?
Est-ce ainsi que tu romps ces funestes liens,
Qui vont causer ma mort & sauver les Troyens ?
Vn juste desespoir m'anime,
Mon Amour outragé demande une victime,
Courons l'immoler ou perir ;
Si mes transports jaloux me font commettre un crime,
Pour l'expier je suis preste à mourir.

SCENE CINQUIE'ME.

BRISEIS, *Chœur de Grecs qui sortent en*
desordre du Temple d'Apollon, ARCAS.

Le Chœur.

FVyons vne mort certaine,
Nous n'avons plus de deffenseur.

BRISEIS.

Où courez-vous ? quelle terreur
Loin de ces lieux vous entraine ?

ARCAS.

Achile ne vit plus.

BRISEIS.

Ciel ! quel est son vainqueur ?

A R

ARCAS.

L'indigne ravilfeur d'Helene
Par une trahifon a terminé fon fort.

BRISEIS.

Quoy ? le traiftre Paris eft l'autheur de fa mort ?

SCENE SIXIE'ME.

POLIXENE, BRISEIS.

POLIXENE.

Dieux ! quel horrible fpectacle !
Le perfide Paris triomphe fans obftacle,
    Il joüit de fon crime, & ne me permet pas
D'embraffer mon époux mefme aprés fon trépas,
    D'un coup mortel j'ay vû fraper Achile,
J'ay retiré le trait dont il eftoit percé ;
Helas ! dans les douleurs dont mon cœur eft preffé
    Ce trait fatal peut m'eftre utile.

BRISEIS.

Ie vay preffer nos Chefs & nos Soldats,
    De vanger le meurtre d'Achile.
Oüy, dans mon defefpoir je conduiray leurs pas
    Sur les remparts de vôtre Ville.
Puiffe le jufte Ciel fe declarer pour nous !
Et puiffent aujourd'huy les Troyens perir tous.

SCE-

SCENE SEPTIE'ME,

ET DERNIERE.

POLIXENE.

VA punir les Troyens, cours hâter la vangeance
    D'un Heros qu'on vient d'immoler
Laisse-moy seule icy; ne vien plus me troubler
    Par ton odieuse presence.
Par ces soins éclatans va prouver ton Amour,
    Poursuy Paris, fais-luy ravir le jour,
Au Heros que tu perds l'on te verra survivre,
Depuis qu'il ne vit plus, rien ne plaist à mes yeux,
Vne sanglante mort va finir en ces lieux
Les horribles tourmens ou ta perte me livre,
    Ah! n'est-il pas moins glorieux
    De le vanger que de le suivre?
Mais quels tristes objets viennent s'offrir à moy?
Dieux! quel saisissement! quels transports! quel effroy!
Ah! je voy mon Epoux sur l'infernale rive
    J'entends les cris de son ombre plaintive,
    Elle m'appelle, elle me tend les bras,
Ciel! je voy dans ses yeux éclater sa colere
Chere ombre, attends, je vais te satisfaire
    S'il ne faut pour te plaire
    Que courir au trépas.
    Quel sort d'une Amour si tendre!
    J'éprouve enfin tous les malheurs
Que Cassandre ceux qui pleine de terreurs
    Voulût en vain me faire entendre
Et toy qui teint encore du sang de mon Epoux
As passé dans mes mains pour terminer mes
    Funeste trait, si contre mon
    Que ton secours me
Si tu frapes mon cœur d'une atteinte cruelle,
Il s'avance luy-même au devant de tes coups

                  Trop

Trop heureux si tu m'es fidelle.
C'en est fait, le succés répond à mon attente,
Je n'ay plus guere à souffrir,
Je sens que je vais mourir
Et c'est assez pour me rendre contente,
Reçoy mon Sang aprés mes pleurs
Achile, c'est à toy que je me sacrifie ; . . . .
Sans toy je deteste la vie, ...
Ouy je le jure. . . . helas. . . . je frissonne. . . . je
meurs.

Fin du cinquiéme, & dernier Acte.

F I N.

106